# RÉPONSE AU MÉMOIRE DE M. L'ABBÉ MORELLET, SUR LA COMPAGNIE DES INDES,

Imprimée en exécution de la Délibération de M.rs les Actionnaires, prise dans l'Assemblée générale du 8 Août 1769.



A PARIS,
DE L'IMPRIMERIE ROYALE.

M. DCCLXIX.

*Cette Réponse ayant dû être préparée dans quinze jours, afin qu'elle pût être lûe à l'Assemblée générale de M.rs les Actionnaires, du 8 Août; son Auteur, distrait d'ailleurs par des occupations indispensables, a bien senti qu'il n'avoit pu lui donner l'étendue & la correction que l'importance du sujet paroissoit exiger : il osoit se flatter de l'indulgence des Propriétaires dont il défendoit la cause; mais il ne peut en espérer du Public, qu'en s'excusant d'avoir fait imprimer un ouvrage si imparfait, par l'obéissance qu'il devoit à la Délibération de M.rs les Actionnaires.*

LE Mémoire, Monſieur, dont vous êtes l'auteur, intéreſſe eſſentiellement les Actionnaires, comme propriétaires du bien & des droits que vous diſcutez; mais il fixe auſſi l'attention de tous les membres de l'État, par les queſtions économiques que vous y traitez, & plus encore peut-être par l'étendue que vous donnez à des principes qui intéreſſent toutes les propriétés des citoyens. Animé par ces différens motifs, j'ai haſardé de mettre par écrit les réflexions que la lecture de votre Mémoire m'a fait naître; elles pourront peut-être ſuſpendre le jugement du Public, en attendant qu'un homme doué de plus de talens & de lumières, puiſſe compoſer un ouvrage complet ſur un objet d'une auſſi grande importance.

Je commencerai, Monſieur, par vous faire une ou deux remarques de procédé.

Vous compoſez un Mémoire qui attaque les droits des Actionnaires & l'exiſtence de la Compagnie des Indes, vous le communiquez aux Miniſtres du Roi, aſſez à temps pour qu'ils puiſſent en prendre connoiſſance avant le jour où les objets que vous traitez doivent être portés au Conſeil; & ce n'eſt que la veille de ce même jour, que cet ouvrage eſt répandu dans le public, lorſqu'il ne reſte plus aux Actionnaires aſſez de temps pour ſe défendre.

Des Députés nommés par les Actionnaires, font pendant pluſieurs mois des recherches pénibles pour connoître la fortune de la Compagnie; vous vous procurez, ſans leur conſentement, les états qu'ils ont formés; vous devancez le compte qu'ils doivent en rendre à leurs coaſſociés; vous faites imprimer ces états, vous y joignez des notes critiques que vous n'avez point ſoumiſes au jugement des perſonnes qui pouvoient les diſcuter.

Cependant le droit de communiquer un travail n'appartient-il pas à celui qui l'a fait? & les propriétaires ne doivent-ils pas entendre les premiers ce qui intéresse leur propriété? avoient-ils remis leur cause entre vos mains?

Sans mandat, sans commission de la part des Actionnaires, sans être ni leur coassocié, ni leur créancier, vous évaluez leur fortune; vous discutez leurs droits, toujours pour les diminuer, toujours pour les restreindre, & avec une partialité qui se manifeste à chaque instant.

Mais si vous n'êtes pas l'homme de confiance des Actionnaires, quel est donc le motif qui vous anime? l'amour de la vérité, dites-vous. Triste & singulier amour de la vérité, que celui qui vous engage à introduire une inquisition terrible sur les propriétés des citoyens! mais nous verrons bientôt si vous y avez procédé avec justice; nous verrons comment vous avez cherché à la connoître, cette vérité que vous aimez.

Vous dépeignez les Actionnaires comme des citoyens avides, qui ont continuellement demandé au Gouvernement ce qui ne leur étoit pas dû; qui ont joui de faveurs importunes à la société; qui ont étouffé l'industrie, & persisté opiniâtrément dans l'exploitation d'un privilége contraire à l'utilité publique : Vous représentez enfin la Compagnie des Indes comme une société odieuse, qui, loin d'avoir bien mérité du Gouvernement, s'est au contraire séparée de la protection publique par l'exercice d'un privilége exclusif.

Vous concluez sur de pareils motifs que, si les Actionnaires se refusent à un projet que vous ne communiquez point, le Gouvernement pourroit, sans injustice, les priver du bien qui leur reste, puisqu'ils ne le tiennent que de sa faveur.

Certainement ils ne contesteroient point cette origine flatteuse de leur propriété; le titre qui leur rappellera l'ancienne bienveillance de Sa Majesté, sera toujours le plus cher à leurs yeux; mais vous ajoutez que ces faveurs ont été nuisibles au reste des citoyens, & vous pensez qu'ils peuvent réclamer contr'elles.

C'est ici que les Actionnaires doivent vous arrêter; la défense de leur propriété & celle de leur honneur peut-être, les y obligent également: Fut-il jamais de reproches plus injustes que ceux que vous leur faites!

Vous accusez la Compagnie des Indes d'avoir été à charge à l'État, & c'est l'État uniquement qui a profité de ses travaux: Vous reprochez aux Actionnaires le bien qu'ils possèdent, vous faites entrevoir que le Gouvernement pourroit les en priver sans injustice; & ce bien est le reste d'une fortune immense dissipée dans une Société qui n'a jamais été établie pour leur intérêt, mais pour l'avantage de l'État; qui n'a jamais été conduite par eux ni par leurs représentans, mais par des Commissaires & des Directeurs nommés par le Roi.

Je le dirai donc avec vérité, & je le soutiendrai avec la persuasion la plus intime, la Compagnie des Indes a rendu les plus grands services à l'État, bien loin de lui avoir été à charge.

Les Actionnaires ont fait des sacrifices immenses pour lui, bien loin d'avoir augmenté à ses dépens leur fortune particulière.

Voilà les deux propositions dont j'espère démontrer l'incontestable vérité, & je sollicite à cet égard avec instance l'attention de ces hommes honnêtes & non prévenus, dont le jugement sévère & impartial fixe tôt ou tard l'opinion publique.

C'étoit une vieille croyance que la Compagnie des Indes avoit été utile à l'État, & les loix émanées du Trône depuis cent années, avoient consacré cette opinion; quelques raisonnemens abstraits suffiront-ils pour la détruire?

Je vais les suivre avec attention.

On commence par tâcher de rendre odieux le privilége de la

Compagnie des Indes, & on l'attaque, comme il n'eſt que trop ordinaire, par des généralités: Les priviléges excluſifs, dites-vous, ſont toujours à la piſte de l'induſtrie, ils l'arrêtent, ils la contraignent, ils ſont une violation des droits de la ſociété.

Ces principes juſtes & vrais en général, ſont néanmoins ſuſceptibles de quelqu'exception.

Un Gouvernement juge qu'un établiſſement ſera utile à l'État, il aperçoit en même temps que les commencemens de cette entrepriſe ſeront coûteux, & que le ſuccès ne paroîtra pas aſſez prochain pour qu'on veuille la tenter.

Le Gouvernement eſt alors invité par ſa ſageſſe à y concourir; & ſi ſon tréſor ne lui permet pas de fournir un ſecours d'argent, il y ſupplée quelquefois par un privilége; mais s'il en fixe la durée en raiſon de l'encouragement qui ſuffit à l'entrepriſe, ſans nulle conſidération particulière pour l'Entrepreneur, un tel privilége, loin de nuire à l'induſtrie, la provoque, puiſqu'il excite un établiſſement qui n'auroit point eu lieu ſans cela.

Si un privilége excluſif étoit, ſans exception, une violation des droits de la ſociété, comment toutes les nations de l'Europe les plus attachées à la liberté, auroient-elles confié l'exercice du commerce des Indes, à une Compagnie privilégiée!

Étoit-il un moyen plus certain d'intéreſſer à ce commerce le plus grand nombre poſſible de citoyens, que de ſubdiviſer en trente ou quarante mille parts tous les fonds qu'on pouvoit y employer!

La plus grande ſubdiviſion poſſible d'intérêts une fois établie, étoit-il contraire à la ſageſſe & à la juſtice du Gouvernement, de réunir ces divers intérêts dans leur mouvement, ſi cette unité d'opérations concouroit à leur avantage & à celui de l'État!

Étoit-ce enfin une violation des droits de la ſociété que de préſumer que les hommes toujours décidés par le moment préſent & par leur intérêt, peuvent quelquefois, même dans le commerce, recevoir des règles ſalutaires de la part du Gouvernement, dont l'œil paternel parcourt la maſſe entière des citoyens, & lie continuellement le préſent à l'avenir!

Telle fut, ſans doute, Monſieur, une partie des conſidérations qui déterminèrent Louis XIV à accorder un privilége excluſif à la Compagnie des Indes, & à exciter ſon commerce par différentes prérogatives.

La formation de cette Compagnie ne fut point l'ouvrage de la cupidité; il fallut échauffer les eſprits par le patriotiſme & les aiguillonner par la vanité. Louis XIV écrivit cent dix neuf Lettres aux Maires & Échevins des principales villes du royaume; il tint dans ſon Palais la première aſſemblée des principaux intéreſſés de la Compagnie, & il ne dédaigna point d'y paroître; il engagea les Grands de ſa Cour à ſeconder ſes deſſeins, & l'on trouve dans ce temps-là, comme aujourd'hui, les noms des plus illuſtres Maiſons de France au nombre des Actionnaires de la Compagnie des Indes.

L'on voit donc manifeſtement que ce fut pour l'avantage de l'État qu'elle fut établie, & non pour ſatisfaire les ſollicitations intéreſſées de quelques particuliers: les Édits ne dirent point, *voulant favoriſer* tels & tels. Mais *ſur ce qu'il nous a été repréſenté qu'il étoit du bien de notre royaume, &c.*

C'eſt toujours dans le même eſprit que la Compagnie a été maintenue, & ce fut ſans doute ce qui détermina le Gouvernement à la faire régir par des Commiſſaires du Roi, & à ôter enſuite aux Actionnaires juſqu'à la nomination de leurs Directeurs.

Si la Compagnie avoit été enviſagée comme une ſociété d'hommes travaillans au milieu de l'État pour leur intérêt propre, il eût été contraire à la juſtice de confier le bien de ſes intéreſſés à la conduite libre & indépendante, d'Adminiſtrateurs qu'ils n'auroient point choiſis.

Ces diverſes conſidérations, ſuffiſent pour faire apercevoir que le Gouvernement avoit toujours enviſagé la Compagnie comme un établiſſement utile à l'État; &, lors même que vous prouveriez aujourd'hui que cette manière de voir étoit erronée, ce feroit encore injuſtement que vous voudriez priver les Actionnaires du droit que leurs efforts & leurs ſacrifices paſſés leur ont acquis ſur la reconnoiſſance publique; ce ſeroit refuſer à un Soldat le prix de ſes travaux en diſcutant avec lui l'utilité de la conquête.

Mais il s'en faut bien que les Actionnaires ſoient réduits à défendre ainſi le mérite de leurs ſervices: l'opinion conſtante ſur l'utilité paſſée de la Compagnie des Indes, étoit parfaitement juſte, & je vais examiner le principal raiſonnement que vous employez pour perſuader qu'elle a été à charge à l'État.

Vous rendez compte de toutes les ventes que la Compagnie a procurées à l'État depuis 1725, qui montent, dites-vous, à trois cents millions: vous énumérez enſuite toutes les ſommes que le Roi a payées à la Compagnie au-delà de ce qu'il lui devoit: vous les faites monter depuis cette même époque à trois cents ſoixante-ſeize millions, & vous concluez que trois cents millions de vente ayant coûté à l'État trois cents ſoixante-ſeize millions, il eſt clair que la Compagnie des Indes lui a été conſtamment à charge, puiſqu'un tel commerce ne valoit pas un tel ſacrifice.

Je doute qu'on puiſſe réunir dans un même raiſonnement, un plus grand nombre de faits, de principes & de rapports erronés.

1.° La Compagnie des Indes a procuré à l'État plus de ſix cents millions de vente, au lieu de trois cents.

2.° Le Roi n'a rien payé à la Compagnie au-delà de ce qu'il lui devoit.

3.° Ni le montant des ventes, ni les ſommes que le Roi auroit pu payer à la Compagnie au-delà de ſes créances, ne ſont les objets

objets de comparaiſon qui peuvent faire juger ſi la Compagnie a été à charge à l'État.

La ſomme des ventes ne peut éclairer ſur cette dernière queſtion, qu'autant qu'on met à côté d'elles & le bénéfice qu'elles ont donné & celui qui a été fait ſur les marchandiſes d'exportation qui ont contribué à les payer: car ce n'eſt point par la ſomme des ventes qu'on fait dans un État, que cet État s'enrichit, mais par le bénéfice, plus ou moins grand, qu'on lui a procuré dans les échanges qui ont donné lieu à ces ventes; & d'après ce principe, un commerce de dix millions pourroit être plus avantageux à l'État, qu'un de vingt ou qu'un de trente.

La ſomme que le Gouvernement auroit fournie à la Compagnie au-delà de ſes créances, ne ſuffiroit pas non plus pour prouver qu'elle auroit été à charge à l'État, elle indiqueroit uniquement que le tréſor du Prince auroit fait des ſacrifices pour elle: mais l'État peut gagner lorſque le tréſor du Prince perd, comme l'État peut s'appauvrir quand le tréſor du Prince s'enrichit.

Ces vérités ſont trop ſenſibles pour qu'elles aient beſoin d'être développées.

Au reſte, que nous importe cette queſtion! La Compagnie n'a rien reçu du Gouvernement qui ne lui fût dû & qui ne lui appartînt par les titres les plus reſpectables; je le prouverai: mais comme en établiſſant un fait contraire, vous en avez tiré les conſéquences les plus fâcheuſes pour la propriété, j'ai cru devoir joindre l'examen de cette queſtion à celui que je ferai bientôt de tous les droits des Actionnaires.

Il me reſte à montrer que vous vous trompez ſur la ſomme des ventes que la Compagnie a procurées à l'État; & à cette occaſion je ne puis m'empêcher de fixer l'attention ſur la méthode que vous avez ſuivie pour diminuer en apparence l'étendue de ſon commerce.

Vous paſſez d'abord ſous ſilence, dans le tableau que vous en faites, toutes les ventes aux Indes, des marchandiſes d'exportation.

Vous retranchez enſuite, ſous le prétexte le plus frivole, tout le montant du commerce de Chine, de Guinée, du Sénégal & du Canada.

Le privilége excluſif, dites-vous, n'étoit pas néceſſaire au commerce de Chine; mais vous êtes auſſi d'avis qu'il étoit inutile au commerce des Indes; ainſi vous pouviez, par la même raiſon, retrancher ſes retours de votre tableau, ce qui vous auroit permis de placer trois cents ſoixante-ſeize millions contre rien, & n'eût pas manqué de produire encore un plus grand effet.

Ce n'eſt pas tout. Ces trois cents ſoixante-ſeize millions font la ſolde d'un compte que vous avez étendu juſqu'à l'année 1769, & votre tableau comparatif des ventes finit à 1756. On auroit peine à croire à de pareilles diſcordances, ſi on ne les avoit pas ſous les yeux !

Enfin, après n'avoir fait entrer dans ce tableau, que les retours de l'Inde, vous faites de leur montant une moyenne proportionnelle entre quarante-quatre années, afin d'affoiblir ainſi la fin par le commencement, & la paix par la guerre; après quoi vous comparez le réſultat qu'une pareille baſe vous donne, avec la ſomme d'autres commerces vus dans leur entier, en pleine paix, & dans leur état le plus floriſſant.

Enfin dans le calcul des ventes que la Compagnie a procurées, vous négligez de faire apercevoir un objet conſidérable, c'eſt le montant des pacotilles; l'État lui en eſt redevable ſans doute autant & plus que de ſes propres retours, puiſqu'elles ont toutes été faites aux dépens de la Compagnie, & qu'elle en a payé tous les frais ſans en partager les profits; je ne ſais à quelle ſomme on peut évaluer cet objet, mais vous autoriſeriez à le porter fort loin, puisque vous dites, Monsieur, que sur des vaisseaux de neuf cents tonneaux, destinés pour l'Inde, il n'y en a guère que cinq cents chargés pour le compte de la Compagnie, & qu'au retour une grande partie du vaisseau est remplie par les pacotilles des Officiers & Employés; circonstances sans doute fort exagérées.

Quoi qu'il en soit, les divers objets dont j'ai rendu compte, indiquent suffisamment qu'au lieu de trois cents millions de vente procurées à la Compagnie, vous en auriez pu mettre six ou sept cents.

Je viens d'indiquer les erreurs dans lesquelles vous êtes tombé, en voulant démontrer que la Compagnie avoit été à charge à l'État; mais l'examen de cette question tient principalement à l'utilité du privilége exclusif, comparée à l'utilité du commerce particulier.

La Compagnie des Indes aura été utile à l'État, si dans ses achats & dans ses ventes, son privilége exclusif a procuré à la nation un bénéfice pris sur les Étrangers, que le commerce particulier n'auroit pas procuré; je jetterai un coup d'œil sur cette question à la fin de cette lettre. Je me bornerai maintenant à prouver que la Compagnie, bien loin d'avoir été à charge au trésor du Prince, l'a soulagé considérablement; & voici le raisonnement très-simple qu'on peut faire à cet égard.

J'établis d'abord deux faits; l'un, que les Actionnaires ont versé dans la Compagnie des Indes, des sommes considérables au-delà du bien qui leur reste; je le prouverai en discutant les droits des Actionnaires. L'autre, que la Compagnie des Indes a toujours gagné par les opérations de son commerce: en effet, depuis 1725 jusqu'à la dernière paix, le bénéfice sur les marchandises d'exportation a roulé de trente-cinq à quarante-cinq pour cent; celui sur les marchandises d'importation de quatre-vingt-dix à cent quarante pour cent, & ses pertes maritimes n'ont pas monté à trois pour cent.

Ces deux faits établis, on demande : tous ces fonds & ces profits qui excèdent infiniment les dividendes reçus par les Actionnaires, que sont-ils devenus! à quoi ont-ils été destinés! le voici.

À franchir les obstacles dans cette multitude de commerces dont la Compagnie a ouvert les voies, à former les premiers établissemens au Canada, à la Louisiane, à la Chine, à Suratte, à Mahé, au Bengale, à Moka, sur les côtes de Coromandel & de Malâbar, sur celles du Sénégal & de Guinée, aux Isles de France & de Bourbon, à encourager la culture de ces deux dernières, à construire des ports, à les entretenir, à élever des fortifications, à faire des chemins, à bâtir des arsenaux, des églises, des hôpitaux & plusieurs autres édifices publics, à payer les Juges civils, à soudoyer les troupes, & à faire en un mot toutes les dépenses de la souveraineté.

Si donc le même commerce que la Compagnie a exercé exclusivement avoit été abandonné aux particuliers, il est évident que toutes les dépenses qu'on vient de citer, auroient été à la charge du Gouvernement; & puisqu'une partie de ces dépenses a été payée par les profits du commerce, & par les fonds des Actionnaires, il est clair que la Compagnie a soulagé le Trésor royal d'une somme égale à ces deux objets, on ne se hasarde point à la fixer; mais on verra facilement qu'elle est très-forte, & l'on pourroit observer encore que ces mêmes dépenses de souveraineté, séparées de l'économie marchande, auroient peut-être été beaucoup plus considérables.

Qu'on élève donc à son gré la puissance du commerce particulier, qu'on vante ce qu'il eût fait ou ce qu'il eût pu faire, je ne le contesterai point: pour répondre à des possibilités, il faut leur en opposer d'autres, & cette guerre d'imagination ne convient pas à notre sujet; mais qu'on n'affoiblisse point les services passés de la Compagnie, qu'on ne détourne point les yeux des sacrifices de ses Actionnaires, ils ne demandent ni dédommagement ni récompenses; mais qu'on ne leur ravisse pas la pensée qu'ils ont été les membres d'une société utile à l'État, & qu'on ne cherche point à élever contr'eux le cri de la Nation.

Les Actionnaires ne défendront la Compagnie des Indes, qu'en présentant les faits qui parlent pour elle, ils sont heureusement trop publics pour qu'on puisse les contester: Je n'entreprendrai point de les énumérer, la France & l'Europe entière en sont également les témoins. C'est cette Compagnie qui a formé tous les établissemens de l'Inde, c'est elle qui a changé deux îles incultes & désertes dans deux îles commerçantes & cultivées, c'est elle qui avoit élevé la ville de Pondichery & tous ces établissemens florissans qui excitoient l'envie des autres Nations avant la dernière guerre: C'est cette Compagnie qui a, pour ainsi dire, créé la ville de l'Orient, c'est elle qui entend encore aujourd'hui les cris de ses citoyens qui s'intéressent à son sort, & les vœux consolans de toute une province: C'est cette même Compagnie, qui depuis la paix, a franchi de nouveau tous les obstacles, qui a relevé les établissemens de la Nation, détruits par la guerre, qui a déjà changé des monceaux de ruine en une ville peuplée qui commence à retracer l'image de l'ancienne Pondichery, & qui dans peu sans doute, auroit fait oublier tous ses malheurs: C'est cette Compagnie qui depuis 1764, a liquidé soixante millions de dettes contractées par Sa Majesté dans les Indes; qui vient d'apporter dans le royaume toutes les marchandises des Indes & de la Chine, dont l'écoulement paroît possible en France: C'est cette même Compagnie qui nourrit aujourd'hui quatre mille Matelots, qui emploie un nombre infini de Commis & de serviteurs, tant en Europe qu'aux Indes; qui occupe des manufactures de toute espèce, qui entretient un corps respectable d'Officiers de Marine, dignes d'être employés

& dans la paix & dans la guerre. Enfin & pour finir par donner une idée précise de la Compagnie des Indes, c'est elle qui après avoir admis à ses profits, les arts & l'industrie dans ses armemens, les pauvres parmi ses Matelots, le cultivateur & les manufacturiers dans ses achats, le négociant dans ses ventes, & les citoyens de toute espèce dans ses emplois, a fini par consacrer le reste de ces mêmes profits & une partie considérable des fonds de ses Actionnaires, à soulager le trésor du Prince, de dépenses de guerre & de souveraineté qui lui appartenoient.

Voilà, Monsieur, les dommages que la Compagnie des Indes a causés au Trésor royal, voilà ses crimes envers l'État.

## *Sur les droits des Actionnaires.*

TOURNONS maintenant nos regards vers les droits des Actionnaires, examinons si vous les discutez impartialement, voyons si leurs titres sont méprisables, s'ils ont joui de ce qui ne leur appartenoit pas, & s'ils méritent qu'on déroge contr'eux, aux loix les plus authentiques.

Vous dites, Monsieur, que s'ils refusoient de se prêter à un projet que vous n'indiquez pas, on seroit en droit de les ramener à leur ancien titre; ce titre, vous le fixez à un arrêt du Conseil de 1719, qui réduisoit à trois pour cent l'intérêt de leur ancien contrat de cent millions, & en conséquence vous voulez que tout ce que la Compagnie des Indes a reçu au-delà de trois millions par année depuis quarante-quatre ans, soit une faveur du Souverain, contre laquelle il peut revenir, parce qu'il n'est point de prescription qu'on puisse opposer à l'utilité publique.

Vous faites ensuite l'énumération des sommes fournies par le Roi à la Compagnie, soit en argent, soit en contrats, & comparant ces sommes aux objets que la Compagnie avoit droit d'exiger ſelon vos principes, vous établiſſez à ſa charge une ſolde de trois cents ſoixante-ſeize millions.

Si vos calculs étoient fondés, ſi les principes de votre juriſprudence étoient juſtes, il ne reſteroit rien ni aux Actionnaires ni à leurs Créanciers, & l'utilité publique iroit répandre la déſolation chez un nombre infini de citoyens.

Mais l'emploi ſeul des fonds que la Compagnie a reçus du Roi, ſuffiroit pour mettre les Actionnaires à l'abri de toute recherche, puiſque nous avons déjà montré que ces fonds n'avoient été ni gouvernés par eux, ni deſtinés à leur utilité particulière.

Mais comment une telle réclamation pourroit-elle être poſſible, quand il n'eſt aucun des objets reçus par la Compagnie qui ne ſoit appuyé ſur les titres les plus reſpectables qu'on connoiſſe en France, des loix émanées du Trône & enregiſtrées au Parlement. Je m'écarterois ſûrement du reſpect que je dois à la juſtice du Souverain, & à la ſageſſe de ſes Conſeils & de ſes Cours, ſi j'entreprenois de juſtifier des droits conſacrés par ces circonſtances; mais on me pardonnera ſans doute de parcourir les objections par leſquelles vous eſſayez de les affoiblir.

Le débit de la Compagnie des Indes à l'égard du Roi, tel que vous le formez dans votre Mémoire, eſt compoſé de quatre objets principaux :

1.° Ce que la Compagnie a reçue de la ferme du tabac juſqu'en 1747:

2.° L'augmentation de ſon contrat à cette époque:

3.° Les droits de Tonneau :

4.° La ceſſion faite par Sa Majeſté de ſes Actions & de ſes Billets d'emprunt en 1764:

Jetons un coup d'œil rapide ſur ces quatre articles:

Voici comment vous critiquez le premier, & ce début eſt digne d'attention:

La Compagnie des Indes a retiré, dites-vous, ſept à huit millions par année de la ferme du tabac depuis 1725 juſqu'en 1747.

Vous prétendez qu'elle n'a dû recevoir que deux millions cinq cents mille livres par an pour cet objet; en conſéquence, vous mettez aujourd'hui à ſa charge, & par forme de reſtitution cent trente millions. Voici cependant ſur quoi vous vous fondez; vous citez l'arrêt du Conſeil qui concéda la ferme du tabac à la Compagnie, & qui fait mention *que c'eſt pour lui tenir lieu de deux millions cinq cents mille livres,* phraſe que vous imprimez en lettres italiques pour fixer l'attention du Lecteur. J'ai lû cet arrêt, & j'y ai vu la phraſe que vous citez; mais immédiatement après j'en ai vu une autre que vous ne citez pas; la voici, *ſans néanmoins que ladite évaluation puiſſe opérer aucune garantie, recours ou autre action, tant contre le Roi, que contre ladite Compagnie en cas de plus ou de moins valeur des bénéfices dudit privilége.* Ce paragraphe eſt déciſif ſur la queſtion dont il s'agit.

Convenez que vous auriez dû le communiquer à côté de celui que vous avez cité; on auroit vu un titre formel, & l'on auroit aperçu en même-temps, qu'il étoit appuyé par l'équité; la Compagnie avoit couru le riſque de perdre, elle avoit acquis le droit de gagner, & le réſultat de cette convention auroit paru encore moins ſuſceptible de critique, ſi vous aviez fait mention des dépenſes conſidérables que la Compagnie avoit faites pour mettre cette ferme en valeur.

Voici comment Sa Majeſté s'expliquoit à cet égard en 1747: *Ayant reconnu que la différence qui ſe trouve entre le prix de cette ferme lors de ladite aliénation, & ſon produit actuel, eſt l'effet de la bonne régie que la Compagnie en a faite, & doit être attribuée aux fonds conſidérables qu'elle a dépenſés pour la mettre en valeur, & qu'elle auroit pu utilement employer dans ſon commerce, &c.*

Quoi qu'il

Quoi qu'il en ſoit, vous conviendrez, Monſieur, que votre juriſprudence eſt un peu ſingulière. Les pertes que la Compagnie a faites aux Indes, vous les lui laiſſez en entier; les bénéfices qu'elle a faits ſur la ferme du tabac, vous les retranchez; je doute qu'aucune Maiſon de commerce pût défendre ſon capital contre une diſtribution pareille.

Les dépenſes que la Compagnie avoit faites pour l'exploitation de la Ferme du tabac, avoient engagé Sa Majeſté à lui céder cette Ferme à perpétuité; mais ſon produit ayant enſuite conſidérablement augmenté, Sa Majeſté la réunit à ſes Fermes générales; & en 1747, Elle jugea à propos de la ſouſtraire totalement aux prétentions de la Compagnie, & ce fut pour la dédommager en partie, que ſon contrat fut augmenté: cette augmentation ne fut pas proportionnée au revenu de la Ferme du tabac, qui étoit alors de vingt-un millions, mais uniquement à la ſomme que la Compagnie avoit touchée juſqu'alors des Fermiers généraux, pour cet objet. On balança cependant par cette augmentation divers autres articles, & entr'autres des droits de tonneau en arrière depuis ſeize ans; & comme la Compagnie réclamoit en même temps différens dédommagemens, relatifs à la guerre, & difficiles à déterminer, il eſt probable que le Conſeil de Sa Majeſté ſe prêta d'autant plus volontiers aux autres moyens équitables qui lui étoient préſentés pour donner à la Compagnie la conſiſtance qu'il jugeoit néceſſaire au bien de l'État; car l'intérêt particulier des Actionnaires n'eut aucune part directe à cette détermination, puiſque leur dividende ne fut point augmenté.

Je n'ai pas beſoin, je crois, de prouver que les droits de tonneau qui forment le troiſième objet de recette de la Compagnie, lui étoient dûs d'une manière inconteſtable: c'étoit une foible indemnité des dépenſes de ſouveraineté; c'étoit en quelque manière, la miſe de l'État dans l'établiſſement de la Compagnie;

& ce droit qui lui avoit été assuré dès son établissement, en 1664, a été constamment confirmé par les édits successifs qui ont été donnés sur la Compagnie des Indes.

Reste à défendre en peu de mots, la cession des Actions & des Billets d'emprunt de Sa Majesté en 1764: elle eut lieu en compensation des dépenses de la guerre qui avoit été portée dans l'Inde, par l'ordre exprès de Sa Majesté, dont toutes les opérations économiques avoient été dirigées par un comité particulier, en sorte que pendant plusieurs années la Compagnie des Indes n'avoit été proprement que le Bureau de la guerre au département de l'Inde. Ces circonstances furent reconnues en 1764; & quand les Actionnaires se bornèrent à demander à Sa Majesté la cession de ses Actions & de ses Billets d'emprunt, ce ne fut point qu'ils les envisageassent comme une compensation des dépenses faites par la Compagnie, mais ils s'étoient bornés à demander à Sa Majesté l'indemnité qui pouvoit être le moins à charge au Trésor royal, & qui, selon leur combinaison, pouvoit, conjointement avec leurs autres moyens, remplir les divers objets que la sagesse du Gouvernement avoit confiés à leurs soins; savoir le payement des créanciers, la sûreté du capital des Actionnaires & l'exercice du commerce: & l'on a vu depuis, combien cette cession des Actions & des Billets d'emprunt, montant à vingt millions de contrats, estimés quinze millions d'argent, étoit peu proportionnée aux dépenses que cette guerre avoit occasionnées à la Compagnie, puisqu'indépendamment de ses revenus, consumés depuis 1756 jusqu'en 1764, elle a payé depuis cette dernière époque, autour de soixante millions de dettes, dérivant presque toutes des dépenses de la guerre.

Vous voyez cependant, Monsieur, que cette cession des Actions & des Billets d'emprunt, ne fait pas moins partie des objets que vous appelez des *dons gratuits*. En vérité, c'est se réfuter soi-même, que de pousser aussi loin ses propositions.

Le motif que vous employez pour ſoutenir cette dernière opinion, eſt vraiment digne de remarque; en parlant des dépenſes de la dernière guerre, vous finiſſez par ces mots, *toujours pour le ſoutien du privilége excluſif.*

Quoi, Monſieur, c'eſt pour ſoutenir le privilége, que Sa Majeſté a porté la guerre dans l'Inde! ce n'eſt pas pour défendre ſes colonies! ce n'eſt pas pour protéger le commerce & les établiſſemens de la nation! ce n'eſt pas pour attaquer les ennemis de l'État, dans toutes leurs poſſeſſions! Le privilége n'eſt autre choſe que le moyen qui a été jugé le meilleur pour exercer le commerce & diriger les colonies de l'Inde; mais c'eſt uniquement ce commerce & ces colonies qui attirent la défenſe du Souverain, cela eſt évident.

J'ai parcouru les objections que vous avez faites contre la légitimité des objets reçus par la Compagnie, il me reſte à faire une obſervation ſur l'époque que vous avez choiſie pour fixer le titre primitif de la propriété des Actionnaires. Ce choix étoit de la plus grande importance, puiſque vous vouliez leur ôter tout ce qu'ils avoient acquis depuis ce temps-là. Vous vous êtes déterminé pour l'arrêt du Conſeil de 1719, qui avoit réduit à trois pour cent, l'intérêt de leur ancien contrat de cent millions; on ne pouvoit pas en effet en choiſir un qui fût plus propre à diminuer en apparence les propriétés des Actionnaires. Mais pourquoi, je vous prie, l'édit de 1764, enregiſtré au Parlement, qui fixe leur ſort actuel, vous paroît-il moins reſpectable! eſt-ce parce que l'arrêt de 1719 eſt plus ancien! mais ſur ce principe, l'édit de 1717, qui fixoit cet intérêt à quatre pour cent, méritoit la préférence; pourquoi n'êtes-vous pas remonté juſqu'à lui! pourquoi avez-vous enſuite tiré rapidement le voile ſur ces temps malheureux de 1719 à 1720, où l'on auroit lû les titres reſpectables de la propriété des Actionnaires.

Qu'il me ſoit permis de les rappeler ici.

Les Actionnaires avoient détourné leurs yeux depuis long-temps, de leurs anciens ſacrifices; mais le ſyſtème d'inquiſition rétroactive que vous établiſſez, & plus encore le reproche que vous leur faites d'avoir été à charge aux autres citoyens, m'obligent à retracer le ſouvenir de leurs droits & de leurs malheurs.

Depuis 1664 juſqu'en 1717 & 1719, les diverſes Compagnies de la Chine, des Indes & d'Occident, avoient fourni des fonds conſidérables pour ces temps-là; ces diverſes Sociétés de commerce ſe réunirent en 1717 & 1719, & de cette réunion naquit la Compagnie qui ſubſiſte aujourd'hui.

Pour former ſon capital, on créa deux cents mille Actions, à cinq cents livres, faiſant cent millions, & le payement en fut fait au Tréſor royal, qui fournit un contrat de pareille ſomme, à quatre pour cent.

En 1719, on fit une nouvelle création de cinquante mille Actions à cinq cents cinquante livres, faiſant vingt-ſept millions cinq cents mille livres.

En Octobre de la même année, on en créa encore cinquante mille de mille livres, faiſant cinquante millions.

Au mois de février 1720, la Banque royale fut réunie à la Compagnie des Indes, & l'on fit au mois de mars de la même année, une nouvelle création de trois cents mille Actions de cinq mille livres, faiſant quinze cents millions.

Il y avoit donc en tout, à cette époque, ſix cents mille Actions, montant à un milliar ſix cents ſoixante-dix-ſept millions cinq cents mille livres de capital primitif.

L'empreſſement du public pour ces Actions, fut très-conſidérable; & ſi l'on conſidère les prix auxquels elles furent portées, on verra que cette maſſe d'Actions a repréſenté juſqu'à ſix milliars dans l'opinion.

La proportion entre les valeurs réelles & les valeurs numéraires, varia si fort dans ce temps-là, qu'on ne peut pas déterminer à quelle somme actuelle d'argent le capital de ces Actions doit être comparé; mais on se fera cependant une idée de la place qu'elles occupoient dans les fortunes publiques, en observant que les déclarations qui se firent au *visa* de tous les Effets quelconques qui existoient alors, tant sur le Roi que sur la Compagnie, se montèrent à trois milliars deux cents millions, & que près du tiers de cette somme étoit formé par les Actions de la Compagnie des Indes, dont les déclarations montèrent à neuf cents millions.

Tous les autres Effets montoient, comme on le voit, à deux milliars trois cents millions; & le Roi se reconnut débiteur de dix-sept cents millions, au payement desquels il pourvut par l'établissement des rentes sur l'Hôtel-de-ville, qui subsistent encore aujourd'hui.

Quant aux Actions des Indes, quoiqu'elles eussent la liaison la plus intime avec toutes les opérations du Gouvernement, la Compagnie ayant été chargée successivement des Monnoies, de la Banque, des Fermes & des Recettes générales, elles ne furent cependant point admises au nombre des créances sur le Roi, & on leur fit un sort particulier, après avoir réduit leur nombre de six cents mille à cinquante-six mille.

Les réductions qu'essuyèrent les Actions, furent envisagées dans ce temps-là, comme très-rigoureuses; & voici comment en 1725, cinq ans après ces malheureux évènemens, Sa Majesté daigna témoigner ses regrets sur le sort des Actionnaires de la Compagnie des Indes: Je vais leur présenter un titre bien précieux & qui doit fixer toute leur attention.

Sa Majesté, après avoir retracé dans un Édit les opérations du *visa*, s'exprime de cette manière:

« Nous aurions bien voulu, comme père commun de nos sujets, qui nous sont tous égaux, admettre au nombre de nos créanciers, «

» les Actionnaires de la Compagnie des Indes, entre lesquels il y a » beaucoup d'anciennes familles qui ont acquis des Actions à titre » onéreux, dans le temps où les remboursemens forcés ne leur » laissoient point d'autre emploi pour se faire un revenu; mais l'état » de nos finances & la grande quantité des autres créances par nous » reconnues, ne nous permettoient pas de nous charger d'un objet » aussi considérable que l'eût été la liquidation des Actions en valeurs » numérales, d'autant que suivant la déclaration des Actionnaires, elles leur tenoient lieu de neuf cents millions. »

Telles sont, Monsieur, les paroles touchantes & paternelles, dont se servoit Sa Majesté, en tournant ses regards vers le sort malheureux des Actionnaires; voilà le sentiment de justice & de bonté qui se développa dans le cœur du Roi dès les premières années de sa majorité, c'est le même qu'il a constamment montré & qui le rend si cher à ses peuples. « Nous aurions bien voulu, comme » père commun de nos sujets qui nous sont tous égaux, admettre au nombre de nos créanciers, les Actionnaires, &c. » quelle bonté dans ces paroles! quelle justice dans ces regrets! Que l'on compare maintenant ce langage du Souverain, au système d'inquisition rétroactive que fait entrevoir un particulier, qui lui-même vit à l'abri des loix, qui leur doit la certitude de ses propriétés & jusqu'à cette liberté qu'il idolâtre.

Cependant, Monsieur, en 1725, dans le temps que Sa Majesté exprimoit ses regrets sur le sort des Actionnaires de la Compagnie des Indes, les cinquante-six mille Actions, restes du *visa*, qui existoient alors, jouissoient d'un dividende de cent cinquante livres, qu'on étoit parvenu à leur former des débris de leur ancienne fortune; ce qui faisoit pour le total de ces Actions huit millions quatre cents mille livres: Depuis ce temps-là, loin que les Actionnaires aient joui d'aucun accroissement, ce même dividende fut réduit à soixante-dix livres en 1746, & à quarante livres en

1759, & ce n'eſt que depuis 1764 qu'il a été porté à quatre-vingts livres, mais au moyen ſeulement d'un ſecours de quatre cents livres, fourni par chaque Action, la rente de celles qui ne payèrent pas cet appel, ayant été fixée à cinquante livres.

Enfin, comme vous l'avez fort bien dit, page 35 de votre Mémoire, les Actionnaires ont vu leur dividende diminué des deux tiers depuis 1725; mais vous l'aviez ſans doute oublié à la page 162, lorſque vous avancez que Sa Majeſté pourroit dire à ces mêmes Actionnaires: *vous avez mis à profit les ſecours du Gouvernement pour votre fortune particulière, vous avez gagné dans des temps plus favorables, il faut que vous ſachiez perdre aujourd'hui.*

On peut dire avec vérité qu'il n'eſt peut-être aucun droit civil plus reſpectable que celui qu'ont les Actionnaires de la Compagnie des Indes, au bien qui leur reſte.

S'il étoit permis de retourner en arrière, & de porter au tribunal de l'équité l'origine & la baſe des loix qui conſtituent la propriété des Actionnaires, loin de redouter cet examen, ils devroient le ſolliciter avec ardeur. En effet, ſans parler des fonds qu'ils ont fournis depuis 1664 juſqu'en 1717; ſans exciter la pitié par leur malheureuſe deſtinée au *viſa* de 1720, ils pourroient ſe borner à fixer l'époque de leurs droits à 1725. Nous jouiſſions alors, diroient-ils, de cent cinquante livres de dividende, & il étoit ſi peu proportionné aux fonds que les Actionnaires avoient verſés dans la Compagnie, que Sa Majeſté daigna exprimer en 1725, ſes regrets ſur leur ſort. Depuis cette époque, nous n'avons eu aucune part à la conduite de nos affaires. Dès 1723, nous n'avions plus la nomination de nos Directeurs; dès 1730, des Commiſſaires du Roi ont été introduits dans l'adminiſtration de la Compagnie, & ils y ont eu toute l'influence qui appartenoit à l'autorité. Rien n'a été conduit ni par nous, ni avec nous, ni par nos prépoſés, ni avec nos repréſentans. Nous n'avons ſu que nous étions Actionnaires de la Compagnie des Indes que par les retranchemens de nos dividendes. Nous n'avons connu, ni comment on gagnoit, ni comment on perdoit. Nous avons ouï dire que notre commerce étoit bon. Nous avons vu de beaux établissemens. On nous a communiqué des bilans avantageux, mais qui, selon ce qu'on nous apprend aujourd'hui, devoient nous égarer. Ne seroit-il pas juste qu'on nous remît où l'on nous a pris! En se chargeant de l'administration de nos affaires sans notre consentement, n'étoit-ce pas en quelque manière répondre de l'évènement!

Voilà peut-être ce que diroient les Actionnaires s'ils pouvoient adopter un moment le système d'examen rétroactif dont vous inspirez l'idée; mais ils seroient bien éloignés de l'approuver lors même qu'on l'auroit inventé pour leur avantage. Les dernières décisions de leur Souverain détermineront toujours leur opinion sur ce qui leur appartient, & ses dernières loix seront les seules qu'ils réclameront.

De quelque côté qu'on examine les titres de la propriété des Actionnaires, on trouvera qu'ils sont à l'abri de toutes les recherches qu'on pourroit imaginer contr'elle; c'est ce que j'ai cru devoir établir comme Actionnaire: mais comme membre de la Société en général, je crois devoir m'arrêter un moment devant le principe que vous avez établi pour soutenir la légitimité de semblables recherches; vous prétendez qu'*il n'est point de prescription qu'on puisse opposer à l'utilité publique*: ce principe est juste à l'égard des loix d'administration; comme leur stabilité n'intéresse qu'en raison de leur utilité, elles doivent suivre dans leur durée les révolutions de l'opinion; mais il n'en est pas de même des loix qui règlent les propriétés; l'utilité publique à l'égard de ces dernières repose principalement sur la persuasion où l'on est de leur permanence; s'il n'y avoit aucune fin au droit d'examiner

les

ſes titres des propriétés, cette idée répandroit une inquiétude continuelle chez tous les citoyens, elle empoiſonneroit un des plus grands biens de la vie, la conſcience de ce qu'on poſsède & la certitude d'en jouir.

La maxime *qu'il n'eſt point de preſcription qu'on puiſſe oppoſer à l'utilité publique* dans l'application que vous en faites, devient un principe terrible, car cette utilité publique à laquelle vous voulez attribuer tant de puiſſance, n'aura pour interprète que des hommes; & comme ſi le diſtrict de leur ignorance & de leurs paſſions n'étoit pas aſſez étendu, vous voulez encore leur ſoumettre à l'infini les loix de la propriété; vous voulez qu'à cinquante & cent ans de diſtance des circonſtances qui ont déterminé ces loix, on puiſſe encore les abroger, & qu'ainſi de degrés en degrés la plus parfaite ignorance ſoit le Juge en dernier reſſort.

Quoi, Monſieur, c'eſt par votre paſſion pour la liberté en général, que vous attaquez le privilége de la Compagnie des Indes; & vous ne craignez point d'établir des principes qui mettroient à l'infini toutes les propriétés des citoyens ſous l'empire abſolu d'hommes aveugles ou trompés, qui expliqueroient à leur gré les loix de l'utilité publique & les bornes de leur puiſſance!

## *Sur l'évaluation du bien des Actionnaires.*

JE n'entrerai point dans l'examen des différentes réductions par leſquelles vous fixez à trente-neuf millions le bien libre de la Compagnie, au lieu de cinquante-quatre millions, réſultat du travail de M.rs nos Députés, que vous nous communiquez.

Il me paroît que de tels débats ne peuvent être éclaircis que par les perſonnes qui ont formé ces mêmes calculs que vous critiquez; mais dans la néceſſité d'adopter une opinion ſur parole, j'avoue que le travail de vingt perſonnes choiſies par une aſſemblée de trois cents, fixeroit plus ma confiance, que les résultats de la méditation d'un seul homme qui auroit jugé sur des mémoires dont il ne cite point la source, & sans y joindre le secours de la discussion & de la contradiction : Il faut convenir aussi qu'en examinant quelques-unes de vos observations, il est bien difficile de ne pas s'écarter un moment du sérieux qu'imposent des questions aussi importantes.

Vous rabattez sur les marchandises en magasin . . 481913[l]

Sur les effets d'artillerie . . . . . . . . . . . . . . 136000.

Et quant aux édifices de l'Orient, qui montent à plus de six millions, vous dites que vous croyez pouvoir diminuer sur leur valeur . . . . . . . . . . . . . . . . . . . . . . . . . . 3351539[l]

C'est l'exactitude de vos évaluations que j'admire; ces 539[l] qui finissent votre nombre dans un objet de quelques millions, sont vraiment respectables; on diroit qu'un génie invisible a porté pièce à pièce dans votre cabinet, tous les effets de la Compagnie, ses mâts, ses canons, ses affûts, ses cordages, & que là vous les avez pesés, mesurés, appréciés, ce qui vous a procuré les résultats de tant de livres & tant de sous, que vous communiquez au public.

Une circonstance cependant oblige à se défier de la précision arithmétique de vos observations, c'est que vous retranchez toujours & n'augmentez jamais : Je ne suis point à portée de juger si vous avez raison, puisque je n'ai aucune des pièces qui pourroient m'éclairer; mais il est un objet dont on peut juger par la seule inspection, ce sont les débets anciens & nouveaux de la Compagnie, qui montent à deux millions cinq cents mille livres, & que M.[rs] les Députés ont mis en entier à la charge de la Compagnie, ce qui ne paroît pas fondé: on entend par débets, tous les coupons d'Actions, de Promesses, tous les Billets & Lettres de change, en un mot tous les Effets quelconques à la charge de la Compagnie, qui ſont échus, & dont on n'eſt pas venu recevoir le payement. Or, il eſt ſenſible que s'il ſe trouve pour deux millions cinq cents mille livres de pareils objets en arrière, & accumulés depuis trente & quarante ans, il y en a pour plus d'un million totalement éteints, ſoit par le feu ou d'autres accidens, en ſorte que dans le fait la Compagnie des Indes en eſt déchargée.

Il eſt donc poſſible, Monſieur, que votre attention ſe ſoit fixée particulièrement ſur les objets du bien des Actionnaires, qu'on pouvoit diminuer; ou peut-être réſervez-vous pour un autre travail, le détail des objets ſuſceptibles d'augmentation: quoi qu'il en ſoit, il eſt juſte que nous attendions de nouveaux éclairciſſemens de la part de nos Députés, avant de fixer notre opinion ſur la valeur de nos propriétés.

## *Profits du Commerce.*

JE trouve, Monſieur, que dans l'examen de cet objet, vous n'avez pas non plus montré cette impartialité qui ſeule conduit à l'inſtruction & à la vérité; vous décidez affirmativement que le commerce de la Compagnie des Indes eſt ruineux, & vous donnez pour preuve le récit de ſes bilans depuis 1725; certainement s'il n'eſt point d'autre moyen d'éclaircir cette queſtion, il n'étoit pas néceſſaire que vous en priſſiez la peine; vous devez croire que des Actionnaires qui ont vu leur dividende réduit à moitié, puis au quart, ſe ſont doutés qu'ils avoient perdu, & l'on a peine à comprendre comment vous avez préſumé venir leur annoncer une vérité nouvelle.

Mais voici les circonſtances ſur leſquelles vous auriez pu & vous auriez dû peut-être les éclairer, en leur préſentant leurs anciens bilans & fixant leurs yeux ſur leurs pertes, n'eût-il pas été raiſonnable de leur faire apercevoir que le commerce avoit toujours donné du profit, mais que les pertes étoient dérivées de dépenſes de guerre & de ſouveraineté; vous auriez enſuite examiné ſi ces dernières dépenſes étoient inſéparables du privilége, & vous auriez reconnu que le privilége excluſif avoit été accordé par des motifs d'utilité pour l'État; vous auriez vu que lorſque l'exercice de la ſouveraineté fut confié à la Compagnie, ce ne fut point pour décharger le Tréſor royal de ſes dépenſes, & vous auriez ſenti en effet que l'attribution des plus beaux droits du Trône, ne pouvoit jamais avoir eu lieu par économie; vous auriez enfin été confirmé dans cette opinion, en obſervant les efforts & les divers ſacrifices que fit Louis XIV pour établir cette Compagnie.

La réunion de la ſouveraineté au privilége de la Compagnie, avoit été enviſagée comme indiſpenſable lors de ſon établiſſement, il falloit en quelque manière conquérir avant de négocier; lorſque les Colonies furent formées, les traités avec les Princes d'Aſie, & différentes circonſtances locales ont engagé à maintenir cette réunion, & l'on voit qu'aujourd'hui même, en ôtant à la Compagnie des Indes ſon privilége, on deſire que l'exercice de la ſouveraineté reſte entre ſes mains, ou du moins demeure attachée à ſon ombre.

Ces diverſes conſidérations vous auroient vraiſemblablement démontré, Monſieur, que l'obligation de payer toutes les dépenſes de ſouveraineté dans l'Inde, n'étoit pas liée inſéparablement à ſon exercice.

Si vous aviez appris enſuite que la plus grande partie de ces dépenſes, comme celles des troupes & des fortifications, quoique payées juſqu'à préſent par le commerce, n'étoient cependant déterminées ni par les Actionnaires ni par leurs Adminiſtrateurs, vous auriez trouvé ſans doute que, ſans préjudice pour l'État, & ſans troubler en rien l'adminiſtration générale, on pouvoit fixer ces dépenſes, les diſtribuer enſuite & proportionner au bénéfice apparent du commerce, la part qu'on laiſſeroit à la charge de la Compagnie. Arrivé une fois à trouver juſte un ſemblable arrangement, vous auriez ſaiſi le moyen le plus efficace d'arrêter la ſource des pertes paſſées de la Compagnie.

Si vous aviez enſuite fixé votre attention ſur la nature de l'Action & ſur l'ancien régime d'adminiſtration, depuis 1725 juſqu'en 1764, renouvelé par les Lettres patentes de juin 1768, vous auriez vu que ces circonſtances, en étouffant l'eſprit de propriété ou en le rendant inutile, privoient la ſociété des Actionnaires du plus grand reſſort qu'on connoiſſe dans les affaires d'intérêt.

La nature de l'Action, c'eſt-à-dire ſa forme d'Effet payable au porteur, en cachant continuellement ſon propriétaire, ou du moins en ne donnant aucun moyen de le reconnoître, n'a jamais permis aux Actionnaires de contribuer par leur ſurveillance & leurs conſeils, au bien de leur Société; une fois ſortis de l'aſſemblée générale qui ſe tenoit chaque année, ils ne pouvoient être reconnus ni par conſéquent écoutés; & dans ces aſſemblées mêmes, l'avis d'un ſimple porteur d'Action ne pouvant pas être diſtingué de celui d'un véritable propriétaire, le vœu de la propriété ne peut jamais être connu avec certitude.

La facilité avec laquelle on pouvoit emprunter des Actions, ne permettoit pas non plus de s'aſſurer de la propriété des Adminiſtrateurs; & enfin le régime d'adminiſtration qui ſoumettoit la conduite de la Compagnie à un Commiſſaire du Roi, s'oppoſoit à l'eſprit d'économie, ou du moins ne l'entretenoit pas, parce que l'homme qui repréſente le Gouvernement n'a aucun motif preſſant pour veiller ſur une économie qui dans pluſieurs circonſtances eſt moins importante pour l'État que pour la propriété des Actionnaires.

Un coup d'œil ſur ces diverſes conſidérations qui mériteroient d'être développées davantage, vous auroit engagé ſans doute à examiner ſi elles ne pouvoient pas être changées, & vous auriez appris qu'on avoit ſouvent propoſé des moyens pour aſſurer l'eſprit de propriété chez les Actionnaires & leurs Adminiſtrateurs, par des arrangemens agréables aux uns & aux autres.

Cet eſprit de propriété une fois ſuppoſé, au lieu de réduire le profit ſur les marchandiſes exportées de France, vous auriez aperçu qu'il pouvoit être augmenté ; au lieu d'ajouter aux dépenſes d'armement, vous auriez préſumé qu'elles pouvoient être diminuées ; vous auriez examiné enfin, quels abus ſe commettoient encore, & par les pacotilles & par la contrebande, & vous auriez attendu de l'eſprit de propriété une arme de plus pour les combattre.

En jetant un coup d'œil ſur les différentes économies qui avoient été établies depuis 1764, juſqu'à la fin de juin 1768, pendant la durée d'une adminiſtration, qui avoit conſervé quelque liaiſon avec ſes Actionnaires, & dans des temps où mille objets épineux détournoient l'attention du commerce, vous vous ſeriez fait une idée de ce qu'on auroit pu attendre d'Adminiſtrateurs & d'Actionnaires, excités & réunis par l'eſprit de propriété.

En continuant enfin à promener votre réflexion ſur diverſes circonſtances relatives à la Compagnie des Indes, vous auriez ſûrement aperçu divers moyens d'amélioration, dans le détail deſquels je crois inutile d'entrer. J'ai penſé cependant qu'il étoit à propos de vous faire obſerver, Monſieur, qu'en ne diſcutant que les calculs que vous nous communiquez, vous n'avez pas fait le tour de l'objet que vous vouliez conſidérer.

J'ai trouvé auſſi que le tableau du profit d'une expédition, formé par M.rs nos Députés, n'eſt pas préſenté dans votre Mémoire d'une manière à en donner, au premier aſpect, une juſte idée.

Sous une ſomme de . . . . . . . . . . . . . . . . . . 28445000l
Vous mettez bénéfice . . . . . . . . . . . . . . . . . 1760000.

Je doute que beaucoup de gens aient aperçu que ce tableau préſentoit un placement d'argent à onze & demi pour cent par an, & c'eſt cependant la vérité.

| | |
|---|---|
| Le profit ci-deſſus . . . . . . . . . . . . . . . . . . | 1760000l |
| L'intérêt de ſix pour cent par an, paſſé en dépenſe . . . | 2640000. |
| Bénéfice de moitié ſur l'aſſurance qu'on paſſe à ſix pour cent; l'expérience ayant montré que la totalité des riſques n'a pas coûté trois pour cent à la Compagnie . . . . . . . . | 600000. |
| En tout . . . . | 5000000l |

Qui comparés à vingt-deux millions, ſomme déboursée, font près de vingt-trois pour cent pour deux ans, & onze & demi pour cent pour un an.

Il me paroît auſſi, Monſieur, qu'en donnant la connoiſſance des bénéfices éprouvés ſur les marchandiſes de l'Inde qui ont composé les dernières ventes, vous auriez dû faire mention d'une circonſtance dont j'ai ouï parler; c'eſt qu'il y avoit une différence conſidérable entre le bénéfice ſur les marchandiſes achetées comptant, & celui qu'on s'étoit procuré ſur la partie de ces mêmes marchandiſes pour leſquelles on avoit fourni des avances; & comme c'eſt pour parvenir à cette manière d'acheter, qu'on exige aujourd'hui les fonds qui font partie des beſoins que vous avez indiqués, il étoit parfaitement raiſonnable de lier ces deux idées enſemble.

Il eſt enfin une circonſtance ſur laquelle vous donnez une notion erronée. Vous citez une lettre du Bengale, qui annonce que la Compagnie court riſque de perdre un million ſur les remiſes qu'elle a faites en Lettres de change; j'avois ſur cela des connoiſſances différentes, ce qui m'a donné la curioſité de m'éclaircir à cet égard, & j'ai ſu que la perſonne qui a écrit la lettre que vous citez, ignoroit alors deux faits que vous pouviez ſavoir.

Elle croyoit que ces Lettres de change ſeroient payées en nouvelles monnoies d'or, qui différoient de huit pour cent de la monnoie d'argent qu'on s'étoit engagé à fournir; & comme elle préſumoit en même temps, que la Compagnie les avoit payées comptant, elle craignoit qu'elle n'eût de la peine à ſe faire rendre juſtice.

Mais on ſavoit par l'Angleterre, quand vous avez imprimé votre Mémoire, que ces Lettres avoient été payées en argent, & on ſavoit de tout temps, que ces mêmes Lettres de change, bien-loin d'avoir été payées comptant, n'étoient payables que quatre ou douze mois après l'avis du payement en Aſie, ce qui auroit mis la Compagnie en état de ſe procurer par elle-même un dédommagement que les tireurs des Lettres ne lui auroient pas conteſté; & l'on ſavoit enfin qu'elles étoient de douze pour cent plus avantageuſes à la Compagnie, que des envois aux Indes en eſpèces, ſuppoſé que deux années de crédit ſoient égales à douze pour cent pour elle: ainſi bien-loin que ces Lettres de change aient mis la Compagnie en danger de perdre un million, elles lui ont procuré un bénéfice de ſept à huit cents mille livres.

Vous voyez, Monſieur, comment vous induiſez en erreur ſur un objet important. Je ne le ſavois pas, direz-vous, ſans doute; je le crois, & je ne vous reproche que d'avoir évité de cauſer & de diſcuter avec les perſonnes qui pouvoient du moins ajouter à vos lumières la connoiſſance de quelques faits. Vous vous annoncez pour proclamer la vérité, & vous avez négligé les précautions néceſſaires pour la reconnoître.

Il eſt enfin une dernière circonſtance que je dois mettre ſous vos yeux, d'autant plus qu'elle a fixé l'attention de tout le monde.

Vous

Vous avez choisi trois époques différentes pour présenter les bilans de la Compagnie depuis 1725, & vous avez fini par comparer celui de 1756 avec celui de 1769, ce qui vous a procuré l'apparence d'une perte de soixante-onze millions; mais quelle ressemblance avez-vous trouvée entre les opérations de commerce depuis 1764 jusqu'à ce jour, & les opérations de guerre depuis 1756 jusqu'en 1764! En joignant ces deux époques ensemble, n'étoit-ce pas ôter le moyen de bien juger de l'une & de l'autre! n'étoit-ce pas enfin éviter de rendre compte du bénéfice que les Députés des Actionnaires ont reconnu qu'il y avoit eu depuis 1764! Cette époque étoit marquée par toutes ces circonstances; elle étoit d'ailleurs la plus propre à éclairer, puisque la connoissance du présent instruit encore mieux que les récits du passé: il falloit donc présenter seule l'époque depuis 1764; il falloit sur-tout ne la pas cacher dans les dépenses de la dernière guerre; ou du moins deviez-vous éclairer à cet égard, par une observation, afin que le Public en voyant en 1769, soixante-onze millions de perte depuis 1756, n'en attribuât pas les cinq treizièmes aux opérations faites depuis 1764, tandis que nos Députés ont annoncé que le bénéfice depuis cette époque paroissoit être de onze millions; circonstance que vous n'avez point contestée, quoique vous ayez dit dans un endroit de votre Mémoire, que les Actionnaires prévoyoient dès 1764, que leurs fonds seroient bientôt consumés.

Vous allez plus loin encore; vous faites mention de l'arrangement qui fut pris en 1764, pour assurer une rente de quatre-vingts livres aux Actionnaires à l'abri des hasards du commerce, & vous ajoutez que les Actionnaires prirent ce parti malgré les belles espérances dont on les flattoit.

Cette dernière phrase ne peut regarder que leurs Députés dont quelques-uns sont devenus ensuite Administrateurs de la Compagnie ; mais le premier homme ami de la vérité, que vous auriez rencontré, vous auroit appris que ce ne furent point les Actionnaires qui eurent l'idée de l'arrangement pris en 1764, pour leur sûreté, il leur fut indiqué par leurs Députés qui leur en firent sentir l'importance, qui les y excitèrent avec chaleur, & qui sollicitèrent ensuite avec zèle, en leur nom, l'approbation du Gouvernement.

Je ne suis pas surpris, Monsieur, que vous ignoriez toutes ces circonstances, mais je m'étonne que vous inspiriez des idées contraires.

On peut se négliger dans les jugemens qu'on porte sur les choses, mais ce qui tient aux hommes exige plus de soin.

## *Sur la possibilité d'emprunter.*

S'IL étoit, comme vous dites, Monsieur, d'une impossibilité démontrée, de trouver les fonds nécessaires pour continuer le commerce, ç'auroit été une grande illusion de la part des Actionnaires, d'avoir autorisé leurs Députés à en chercher les moyens, & c'est uniquement pour les défendre d'une apparence de ridicule, que je vais faire apercevoir que votre décision à cet égard ne doit pas être envisagée comme un arrêt irrévocable.

D'abord je dois faire observer que lorsque les Actionnaires s'occupèrent dans leurs dernières assemblées, de la continuation du commerce, ils posèrent pour première base que le Gouvernement envisageoit toujours la Compagnie des Indes comme un établissement utile à l'État, c'est-à-dire, comme le meilleur moyen connu d'exercer le commerce des Indes.

Ce principe entraînoit, comme on le voit, une assurance certaine de la protection de Sa Majesté ; mais les Actionnaires n'avoient point dessein de la réclamer pour des objets injustes & déraisonnables, & c'est à tort que vous donnez le nom de *demande* au rapport que nos Adminiſtrateurs & nos Députés n'ont pu ſe diſpenſer de faire des projets qu'on leur avoit communiqués.

Quoi qu'il en ſoit, Monſieur, ſoyez perſuadé que les Actionnaires aſſemblés, n'auroient jamais formé les réquiſitions dont vous parlez, ils n'auroient jamais ſollicité ce qui ne leur étoit pas dû; les ſacrifices que le tréſor du Prince peut faire pour un établiſſement, devant être calculés ſur le bien de l'État, c'eſt au Gouvernement ſeul qu'il appartient de les déterminer.

Les Actionnaires auroient également rejeté la propoſition de demander au Roi, de s'aſſocier au commerce en achetant trois mille Actions; car il ne ſeroit pas venu dans leur penſée que ſa qualité d'Actionnaire pût rien ajouter à ſa protection royale & paternelle, ni qu'une pareille aſſociation fût un garant de ſon amour, tandis que l'intérêt particulier eſt un mot qu'il ne peut entendre.

Les Actionnaires, loin de former de pareilles demandes, ni aucune autre qui pût être onéreuſe au Tréſor royal, ſe ſeroient bornés à prier Sa Majeſté de vouloir bien faire en faveur de la manière d'exercer le commerce des Indes qu'Elle auroit eſtimée la meilleure, ce qu'Elle ſeroit dans la néceſſité de faire en faveur de celle qui lui auroit paru la moins bonne.

Ainſi, ſi par la deſtruction de la Compagnie des Indes, le Gouvernement eſt obligé de ſuppléer en entier aux dépenſes de ſouveraineté dans les Indes, la Compagnie n'auroit porté aucun préjudice au Tréſor royal, en demandant que la partie de ces dépenſes qui doit être à la charge des Actionnaires, fût fixée & proportionnée au bénéfice apparent de leur commerce.

Dans le cas de la deſtruction de la Compagnie des Indes, les particuliers qui feront le commerce, le dirigeront eux-mêmes ou par leurs prépoſés; ainſi l'État n'eût donc rien perdu, en permettant également que dans la Compagnie des Indes, le soin de la propriété fût remis au propriétaire, & en consentant aux mesures qu'on auroit pu prendre pour prévenir désormais toute incertitude sur la vérité des titres de possession.

A l'aide de ces arrangemens, qui auroient augmenté la confiance publique, & sur-tout à l'aspect d'une protection marquée de la part du Gouvernement, pourquoi la Compagnie n'auroit-elle pas trouvé les trente-trois millions qui lui sont encore nécessaires dans le cours de deux années? Pourquoi une Compagnie composée de trente-sept mille Actions, & qui n'est autre chose qu'un très-grand nombre de particuliers réunis ensemble; pourquoi, dis-je, une telle Compagnie, qui jouit d'un privilége exclusif, qui a des établissemens tout faits, un commerce en Action, une ancienne renommée, un bien de cinquante millions, ne trouveroit-elle pas les fonds que vous attendez sans défiance de particuliers dispersés, qui vont entreprendre ce commerce, & parmi lesquels il en est plusieurs qui chercheront eux-mêmes les fonds qui leur seront nécessaires, sans offrir peut-être d'autre caution que la fortune de ce même commerce?

Pourquoi ne leur demandez-vous pas aussi, où sont vos sûretés? où est l'hypothèque que vous présentez? Vous allez jusqu'à prétendre que tout Emprunt, sans cette dernière clause, est une injustice; mais où prenez-vous qu'une hypothèque soit une condition inséparable de tout Emprunt? pourquoi n'en demande-t-on point à ce Négociant, qui n'a peut-être qu'un million de bien, & à qui on en confie vingt? c'est qu'on le croit sage, c'est qu'on connoît la nature de ses affaires. Pourquoi n'est-il jamais entré dans l'esprit que la Compagnie pût trouver des fonds sans hypothèque? c'est qu'on l'a toujours considérée comme une Compagnie gouvernée par l'autorité, dont on ne pouvoit ni connoître la situation, ni suivre les évènemens, où toute communication étoit fermée entre le créancier & le débiteur, & entre l'Actionnaire & son coassocié; ces circonstances obligeoient nécessairement à demander une base de confiance extérieure & visible, telle qu'étoit un contrat sur le Roi: Mais si de véritables propriétaires géroient une Compagnie de commerce, s'ils étoient à portée de suivre continuellement les variations qui pourroient survenir dans l'utilité de ses opérations, & s'il leur étoit permis d'augmenter ou de diminuer leurs fonds en conséquence; doutez-vous que leur confiance & celle du public, ne fussent extrêmement augmentées! croyez-vous qu'alors cinquante millions de premier fonds, ne pourroit pas mériter un crédit de trente ou quarante. L'argent a besoin de l'emprunteur, comme l'emprunteur cherche l'argent; il n'est question que d'établir entre eux des rapports convenables, & l'on ne peut pas déterminer quelles seroient les bornes de la confiance, dans une Compagnie dont les affaires seroient connues de tous les intéressés, & où tout se traiteroit franchement & ouvertement; c'est cette facilité de connoître l'emploi de son bien qui arrête les inquiétudes de l'imagination: c'est cette publicité enfin qui rapproche les distances, & qui attire l'argent des pays les plus éloignés.

C'étoit une administration à peu près fondée sur ces principes, qu'on avoit voulu former en 1764; mais comme on avoit été forcé par différentes circonstances à ne rien changer dans la nature de l'Action, & à lui assurer une rente fixe, l'esprit de propriété, ni le lien nécessaire entre les Actionnaires & les Administrateurs n'étoient point établis. Cependant quelle confiance la Compagnie des Indes n'avoit-elle pas obtenue, par une suite de sa constitution, depuis 1764 jusqu'en Juin 1768; époque à laquelle son régime d'administration a été totalement changé! quel crédit considérable n'avoit-elle pas acquis à l'issue d'une guerre malheureuse, qui avoit détruit tous ses établissemens, & qui ne lui avoit laissé que des dettes immenses à liquider! Le dernier Emprunt qu'a fait la Compagnie ſous les loix du régime de 1764, fut la Loterie du mois de juillet 1767, dont le capital étoit rembourſable en cinq années, ſans aucune aſſignation d'hypothèque, & dont l'intérêt ne fut calculé qu'à cinq & demi pour cent.

Il fut cependant rempli rapidement, quoique dans le même temps divers Effets publics ayant une hypothèque, préſentaſſent un intérêt de ſept & de ſept & demi pour cent; c'étoit cet Emprunt, Monſieur, qu'il auroit fallu citer, ou du moins en ne citant que le dernier, vous n'auriez dû imputer ſon gros intérêt qu'à des circonſtances étrangères à l'eſſence de la Compagnie; vous auriez dû faire apercevoir que les Actionnaires furent appelés à délibérer ſur cet Emprunt, peu de jours avant l'échéance d'engagemens conſidérables de leur Caiſſier, pour leſquels il n'y avoit aucuns fonds de préparés; cette ſituation & les opérations forcées dont elle avoit été précédée, avoient répandu une défiance ſi grande & ſi générale, que le ſuccès d'un Emprunt devenoit preſqu'impoſſible, & l'on doit à la forme que les Actionnaires adoptèrent, le ſecours qui fut trouvé au moment préciſément où il étoit indiſpenſable, ſecours qui préſerva la Compagnie d'une cataſtrophe dont les éclats ne peuvent être calculés; voilà, Monſieur, ce que votre eſprit de juſtice ne devoit point oublier.

Au reſte, cet Emprunt dont vous énoncez l'intérêt à dix pour cent par an, n'étoit qu'à ſept trois quarts, puiſque onze millions cent mille livres, capital de l'Emprunt, ont coûté ſept cents onze mille ſix cents ſoixante-dix livres, montant des lots, faiſant ſix trois huitièmes pour cent, qui, applicables à dix mois de jouiſſance d'argent, du 7 avril au 7 février, terme moyen du payement, établiſſent l'intérêt pour un an à ſept trois quarts pour cent: La faculté accordée par la Compagnie, de donner ces Billets de loterie en payement de ſa vente, n'eſt point une charge pour elle; 1.° parce qu'elle eſt la maîtreſſe de fixer le payement des marchandises de sa vente, à la même époque à laquelle elle doit rembourser ses Billets à Paris; 2.° parce qu'une facilité accordée aux acheteurs dans les ventes de la Compagnie, est presque toujours un bénéfice qu'ils lui rendent, par le plus haut prix auquel ils achettent la marchandise.

J'ai fait apercevoir qu'il n'étoit pas impossible qu'une Compagnie de commerce trouvât de l'argent sans hypothèque, mais je ne conviens pas avec vous, Monsieur, que la Compagnie soit dans l'impuissance absolue d'en présenter une; elle ne pourroit pas assurer à des prêteurs une hypothèque pleine sur le contrat de Sa Majesté, mais il n'est pas moins vrai qu'elle pourroit en donner une qui s'augmenteroit annuellement, au moyen des trois millions de rentes viagères, dont le contrat est grévé, & qui libèreront un jour un capital de soixante millions au profit de la Compagnie; êtes-vous sûr, Monsieur que l'expectative de ces rentes, le bas prix des Effets sur le Roi, & un revenu de commerce rendu plus certain, n'eussent pas donné lieu à différentes combinaisons & à des modifications de toute espèce, qui auroient pu convenir aux prêteurs & aux Actionnaires! êtes-vous sûr enfin, Monsieur, de n'avoir pas donné le nom de subtilité financière à des arrangemens que vous n'entendiez pas!

Les Emprunts des Actionnaires depuis 1764, vous donnoient-ils le droit de condamner leurs plans sans les connoître! Avez-vous observé qu'il n'est aucun de ces Emprunts qui n'ait eu le succès le plus rapide, en même temps qu'ils n'ont laissé aucun bénéfice aux spéculateurs, l'Effet acheté n'ayant presque jamais valu sur la place au-delà du prix coûtant! Avez-vous pris garde que la réunion de ces circonstances est assez rare dans les Emprunts publics, en même temps cependant qu'elle est le point précis vers lequel on doit tendre.

Vous faites envisager tout Emprunt de la Compagnie dans ces

circonſtances, comme un inconvénient pour la finance, parce qu'il détourneroit l'argent des autres Emprunts; vous ſerez peut-être étonné que je combatte juſqu'à cette opinion, quoiqu'elle paroiſſe très-juſte au premier aſpect.

Quand l'argent eſt en activité & cherche des emplois en finance, deux Emprunts qui offrent à la fois à cet argent deux débouchés différens, ſe contrarient néceſſairement; mais lorſque la circulation eſt languiſſante, lorſque l'argent eſt plutôt reſſerré que rare, lorſqu'une défiance, ſans doute mal fondée, l'écarte des objets de finance, tout Emprunt qui ramène vers ce genre d'emplois, qui contribue à faire ſortir l'argent renfermé, & qui par ſon ſuccès enfin donne en quelque manière le ſignal de la confiance; un tel Emprunt, dis-je, bien loin de contrarier un Emprunt ouvert qui languit, le ſeconde peut-être, ſoit pour le moment préſent, ſoit pour celui qui va ſuivre.

Au reſte, ſi le commerce des Indes eſt exercé par des particuliers, l'argent qu'on y appliquera, fera néceſſairement un vide quelque part; s'il eſt fourni par les Négocians de nos ports, il ſera écarté d'autres branches de commerce peut-être également utiles; ſi, comme il eſt plus vraiſemblable, il eſt fourni par les capitaliſtes de Paris, ſur le rapport de quelques bons faiſeurs de projets, & par la douce ſociété de l'eſprit des uns avec l'argent des autres, alors ces fonds ſeront écartés peut-être des objets de finance; on ne peut donc pas enviſager tout emprunt de la Compagnie comme un inconvénient pour l'État, dès que le beſoin n'eſt point changé, & ce beſoin lui-même, s'il dérive d'emplois utiles, il n'eſt pas un mal.

C'eſt de vous, Monſieur, que les Actionnaires apprennent que le Gouvernement ne pourra payer qu'en contrats ce qu'il doit à la Compagnie; ſi votre avis eſt juſte, il en réſultera ſans doute

doute une augmentation de beſoin pour elle, & voici l'obſervation qui ſe préſente à mon eſprit à ce ſujet.

Si l'établiſſement de la Compagnie des Indes paroît important à l'État, il eſt naturel de préſumer que le Gouvernement s'acquittera envers elle de ce qu'il lui doit, de la manière ſans doute qui conviendra le mieux au Tréſor royal, mais en même temps il veillera dans ſa juſtice aux moyens d'éviter une perte ſenſible à la Compagnie ; & j'ajouterai que les Actionnaires n'ont jamais imaginé de pouvoir continuer le commerce ſans un concours de la part du Gouvernement, proportionné du moins aux droits légitimes & reconnus de la Compagnie; ils n'ont jamais prétendu ſurmonter toutes les difficultés qu'on pouvoit leur oppoſer, mais ils ont pu ſans imprudence n'être point abattus par celles qu'ils apercevoient, ils ſe ſouvenoient qu'ils avoient franchi de plus grands obſtacles.

En 1764, la Compagnie étoit ſans argent, ſans marchandiſes, ſans effets exigibles: les Actionnaires entreprirent de la rétablir; ils virent ſans s'étonner, ſoixante millions de dettes à liquider, des établiſſemens détruits à relever, des magaſins à remplir, des vaiſſeaux à conſtruire, un crédit à former, & un commerce à reprendre, qui pouvoit employer cinquante millions; rien ne les effraya, ils osèrent & ils réuſſirent.

La protection de Sa Majeſté, l'opinion que cet ancien établiſſement lui étoit cher, & cette flamme généreuſe avec laquelle la nation Françoiſe ſe porte vers tout ce qui eſt grand & difficile, leur fit entreprendre cet ouvrage, & il étoit déjà bien avancé, lorſque des hommes froids & timides crioient encore à la témérité & à la chimère. La fortune ſecondant les efforts des Actionnaires, dans trois ou quatre années les Vaiſſeaux ont été conſtruits, les magaſins ont été garnis, les établiſſemens détruits ont été relevés, les dettes ont été liquidées, & le commerce a été élevé au plus haut période auquel il ait jamais été porté dans les temps de la plus grande ſplendeur de la Compagnie. Qui l'eût dit que ce ſeroit après avoir ſurmonté toutes ces difficultés, que la Compagnie ſe trouveroit dans le plus grand danger! qui l'eût dit qu'on regretteroit juſqu'à des momens employés à rétablir un commerce de cette importance, & à aſſurer la fortune d'un nombre infini de citoyens!

## *Sur la liberté du Commerce.*

LA queſtion de la liberté du commerce n'intéreſſe point la fortune des Actionnaires. Quand ils ont cherché les moyens d'exercer le privilége de la Compagnie, ils l'ont fait avec la perſuaſion que le Gouvernement continuoit à enviſager cette manière de ſuivre le commerce des Indes, comme la plus utile à l'État; ils eſpéroient obtenir par leurs efforts, de nouveaux droits à la protection de Sa Majeſté; & ils s'expliquèrent à cet égard, de la manière la plus préciſe dans leurs dernières aſſemblées. Je ne comprends pas comment vous avez pu confondre un vœu auſſi raiſonnable avec l'idée ridicule de continuer le commerce par patriotiſme & contre ſon propre intérêt. J'ai aſſiſté à toutes les aſſemblées des Actionnaires, & je n'ai jamais entendu rien de pareil. Vous voyez donc, Monſieur, qu'en répondant fort au long à de pareilles ſuppoſitions, vous combattez des fantômes.

Les Actionnaires, bien loin de ſe parer d'une vertu fauſſe ou romaneſque, ont apporté la plus grande attention à concilier leur ſûreté avec les efforts qu'ils pourroient faire pour le commerce: bien avant votre conſeil, ils avoient refuſé de renoncer à leur hypothèque de quatre-vingts livres; & ils ſeroient vraiment touchés de votre attention à leurs intérêts, ſi cette tendre affection s'étoit ſoutenue dans tout le cours de votre Mémoire; mais je vous ai fait apercevoir quelques légères diſtractions.

Les Actionnaires n'ont jamais eu l'ineptie de vouloir ſacrifier leur fortune à l'exercice de leur privilége : à cette condition, ſans doute, ils y auroient renoncé, comme ils le feront également avec empreſſement, du moment qu'il ceſſera d'être intéreſſant aux yeux du Gouvernement, ſeul vrai juge du bien de l'État: ainſi c'eſt uniquement pour continuer à défendre les Actionnaires, du reproche que vous leur faites d'avoir joui de prérogatives onéreuſes à la nation, que je vais examiner les principaux raiſonnemens que vous employez pour prouver que le commerce des particuliers procurera & auroit procuré à l'État un bénéfice plus conſidérable que la Compagnie des Indes.

Vous commencez par avertir que vous avez ſous vos yeux les argumens les plus formidables qu'on puiſſe faire en faveur du privilége excluſif, & vous ne répondez ſouvent qu'à des obſervations très-futiles.

Toutes les objections que vous diſcutez roulent ſur les obſtacles qu'eſſuiera le commerce particulier. On a toujours beaucoup d'avantage lorſqu'on ſe borne à montrer poſſible ce que d'autres trop légèrement ont prétendu ne l'être point.

Les interlocuteurs que vous avez introduits dans votre Mémoire, vont trop loin à quelques égards & vous ont très-bien ſervi. La plupart de leurs raiſonnemens tiennent à une opinion qui peut n'être pas juſte: c'eſt que ce commerce ſera ſuivi par les particuliers de la même manière que l'exerce aujourd'hui la Compagnie, au lieu qu'il n'eſt point impoſſible que des Maiſons de commerce ſe forment avec le temps, ſoit aux Indes, ſoit à l'île de France, & rendent ces opérations plus faciles; mais combien ne pourroit-il pas arriver de circonſtances & d'évènemens qui traverſeroient des arrangemens dont vous convenez vous-mêmes que l'effet eſt encore éloigné !

Mais enfin, il ne ſuffiſoit pas de prouver que le commerce de la Compagnie des Indes pourra être exercé par des particuliers, il faut encore démontrer qu'ils le feront d'une manière plus utile à l'État, & c'eſt ſur ce point que je trouve qu'il y a un vice continuel dans vos raiſonnemens; je vais examiner les principaux.

Quand on vous oppoſe les obſtacles que le commerce particulier peut eſſuyer, quand on vous parle de la hauſſe aux prix d'achat que la concurrence doit produire, vous répondez que les particuliers qui ſeront affranchis des dépenſes de ſouveraineté, pourront gagner trente à quarante pour cent de moins que la Compagnie, & ſe tirer d'affaire, & qu'ils emploieront ces trente à quarante pour cent, à ſurmonter les obſtacles, & à payer, s'il le faut, plus chèrement les marchandiſes de l'Inde.

Cette réponſe à laquelle vous revenez ſans ceſſe, réſoudroit en effet la plupart des objections qu'on fait contre le commerce particulier, ſi elle n'avoit pas un vice radical qu'il eſt néceſſaire de développer.

Les particuliers pourront ſacrifier dans les Indes trente à quarante pour cent de plus que la Compagnie, & faire également le commerce, cela eſt poſſible; mais les inductions qu'on peut tirer de ce principe, loin d'être favorables au commerce particulier, ſont un argument contre lui.

Eſt-ce la ſomme des achats dans l'Inde qui ſuffit à l'État? N'eſt-ce pas leur utilité qui l'intéreſſe?

La décharge des dépenſes de ſouveraineté & l'augmentation d'économie, ſuite naturelle d'un eſprit de propriété plus vigilant, permettront ſans doute aux particuliers de gagner encore en achetant plus cher dans les Indes; mais n'eſt-il pas clair que l'État perdra tout ce qu'ils payeront aux Indiens au-delà des prix établis juſqu'à préſent?

La Compagnie qui a ſenti de tout temps la néceſſité de chercher dans les bénéfices du commerce, un dédommagement des dépenses ordinaires de souveraineté, s'est appliquée constamment à fixer les prix d'achat des manufactures de l'Inde au plus bas prix possible, c'est-à-dire, au point précisément qui pouvoit suffire pour procurer au Fabriquant le nécessaire le plus étroit, & ce nécessaire se réduit à très-peu de chose dans un pays où le peuple ne vit que de riz, & où la chaleur du climat ne permet de faire aucune dépense en vêtement, en sorte que les Ouvriers de l'Inde, employés par la Compagnie, ne gagnent par jour qu'environ trois sous de France.

La Compagnie, en fixant de cette manière les prix d'achat dans l'Inde, a rempli l'objet le plus intéressant pour l'État, puisque acheter à bon marché les marchandises des Étrangers, & leur vendre chèrement les nôtres, voilà le profit national. Que les bénéfices de la Compagnie aient ensuite diminué par des dépenses de souveraineté & par des défauts d'économie, ce n'est pas à l'État à lui en faire des reproches : Les dépenses de souveraineté qu'elle a supportées, prouveront qu'elle a soulagé le trésor du Prince, & ses défauts d'économie indiqueront que le cultivateur, le manufacturier & le négociant, ont été les véritables associés à ses profits, & non ses Actionnaires.

Vous avez cependant présenté par-tout le raisonnement que je viens de combattre; si l'on vous allègue que les Nations étrangères verront avec peine la liberté du commerce, vous en triomphez, & vous dites : rien ne prouve mieux l'avantage de la liberté; tandis que vous auriez pu apercevoir que c'est bien moins cette liberté qui peut exciter leur attention, que la séparation des dépenses de souveraineté, de l'exercice du commerce, circonstance qui devient une espèce de prime de faveur, donnée par le Gouvernement au commerce des Indes, & qui dérange les rapports établis entre les opérations des Compagnies européennes.

Les expéditions faites pour Lisbonne par des François établis au Bengale, n'apportent aucune lumière sur la vérité que nous cherchons; elles ne sont pas même une preuve certaine de l'utilité future du commerce particulier, puisque le bénéfice qu'on a pu espérer dans la vente d'une ou deux cargaisons, lorsqu'on n'avoit à craindre d'autre concurrence que celle des Compagnies européennes, qui sont dans la nécessité de soutenir les prix, peut disparoître, lorsqu'on aura pour concurrens des particuliers dont les combinaisons seront absolument différentes.

Vous n'indiquez rien non plus, lorsqu'en parlant des fonds que les particuliers Anglois ont fait revenir des Indes, par la Compagnie, vous ajoutez qu'ils traiteront à l'avenir pour des objets semblables avec les Négocians particuliers; je le crois aussi, si nulle difficulté nouvelle ne s'y oppose: mais au lieu que la Compagnie profitant de leur rivalité, leur faisoit la loi, & gagnoit avec leurs propres capitaux le montant de ses frais d'armement, celui des dépenses de souveraineté & d'administration, & trouvoit encore un bénéfice au-delà de tous ces avantages; ces mêmes particuliers Anglois reprenant toute la puissance qui appartient aux bailleurs de fonds, ne nous laisseront bientôt que le bénéfice du fret, & nous aurons changé un commerce actif, contre un commerce d'économie, qui ne dédommagera plus l'État des dépenses considérables que les colonies de l'Inde occasionneront; dépenses que la sagesse du Gouvernement l'invitera peut-être à augmenter encore, si, comme vous l'indiquez, on fait d'une Isle à quatre mille lieues de la métropole, le centre des richesses d'un commerce considérable.

Je sais bien que, selon votre système, personne ne peut donner la loi dans le commerce, & que, pourvu que la somme des besoins & celle des marchandises à vendre demeure la même, vous n'attendez aucun changement dans le résultat des opérations; mais comme vous opposez ce raisonnement à toutes les objections qu'on a faites sur les inconvéniens de la concurrence dans les commerces paſſifs, il eſt abſolument néceſſaire d'y répondre, & de combattre les argumens de théorie que vous employez dans cette occaſion.

La valeur vénale, dites-vous, dérive eſſentiellement du rapport entre les quantités à vendre & les quantités à acheter; ainſi la différence entre le nombre des acheteurs & celui des vendeurs, a très-peu d'influence ſur cet objet.

Ce principe eſt vrai dans un ſens, mais il eſt abſolument faux dans l'application que vous lui donnez; dix acheteurs luttant contre cinq vendeurs, ou dix vendeurs diſputant contre cinq acheteurs, le prix du marché ne différera guère ſi la ſomme de leurs beſoins reſpectifs eſt toujours la même, parce qu'il y aura une diſcordance dans les opérations des acheteurs comme dans celle des vendeurs, qui les rapprochera mutuellement d'un point central entre leur cupidité réciproque: Mais le cas eſt abſolument différent, quand un ſeul acheteur ou un ſeul vendeur lutte contre beaucoup d'autres, celui qui achette ſeul de pluſieurs, eſt ſûr que la rivalité qui s'établit entre les vendeurs, lui annoncera néceſſairement le terme du profit dont ils peuvent ſe contenter; & ſeul confident de ſes deſſeins, ſeul guide de ſes opérations, il lui devient facile d'en profiter, & il établit ſur eux une loi impérieuſe à laquelle il leur eſt impoſſible de ſe ſouſtraire; le déſavantage des acheteurs en concurrence, comparé à l'acheteur unique, eſt encore plus ſenſible, lorſqu'il y a une diverſité dans les ſortes & les qualités des marchandiſes que l'on doit acheter, parce que la maſſe entière des acheteurs ſe portant vers la partie de marchandiſes qui donne le plus de profit, il s'établit alors une inégalité conſtante entre la ſomme à vendre & la ſomme des beſoins, en ſorte qu'il peut y avoir fréquemment cent demandes de mille, contre mille à vendre, quoique la maſſe totale des marchandiſes demandées, ſoit égale à la maſſe totale des marchandiſes à vendre.

L'avantage univerfellement reconnu de la Compagnie des Indes, dans fes achats & dans fes ventes, en raifon de l'unité de fes opérations, auroit pu fuffire fans doute pour détruire votre propofition, mais vous ne vous rendriez pas à des exemples.

Il me femble qu'une partie de votre ouvrage eft une attaque continuelle livrée à l'expérience par la théorie & aux faits par les poffibilités. J'ai le plus grand refpect pour les fpéculations de l'efprit humain, & je reconnois toutes les lumières qu'elles répandent fur la conduite de la vie & fur les fciences économiques, mais le coup d'œil le plus pénétrant feroit peut-être celui qui engageroit à dédaigner moins promptement les idées établies dans le commerce; elles ont l'apparence d'une routine & d'une efpèce d'inftinct chez les Négocians, parce que ces mêmes idées ne les ayant jamais intéreffés que comme des guides dans leurs opérations, ils les ont gravées dans leur mémoire abfolument féparées de leurs principes! & cette habitude forme un contrafte avec la manière de procéder de ces hommes qui, penfant beaucoup plus qu'ils n'agiffent, enchaînent toutes leurs idées par une fuite de raifonnemens, & loin d'être mus par de fimples réfultats ne peuvent s'y intéreffer que par leur rapport avec les principes qui font le premier objet de leur attention; cependant il n'eft pas moins vrai que cette efpèce d'inftinct chez les Négocians doit fa naiffance à une multitude de perceptions & de combinaifons fines que l'œil actif & pénétrant de l'intérêt a faifi, & que les fpéculations tranquilles de la théorie n'ont peut-être pas encore entièrement aperçues.

Ils n'entendront pas bien, ces Négocians, ce que vous voulez dire en prétendant que les Armateurs de nos ports qui font continuellement des commerces où l'on gagne dix pour cent, feront bien celui des Indes où l'on en gagne cent quarante. Ces deux idées ne s'enchaînent point. Un commerce où l'on gagne dix pour cent de l'achat à la vente peut être préférable à tel autre où l'on en gagne cent quarante; tout dépend de la longueur du voyage, du risque & de la nature de ce commerce.

Les inductions que vous tirez de la liberté du commerce avec les colonies d'Amérique, ne paroissent pas applicables à celui des Indes, non-seulement parce qu'elles sont dans un éloignement beaucoup moins considérable, mais aussi parce qu'étant sous la même domination que la métropole, les erreurs de l'une envers les autres, deviennent indifférentes à l'État.

Il est enfin un argument que vous annoncez comme décisif, & que les Négocians ne recevront pas comme tel. Vous dites que les habitans de nos ports qui entendent mieux le commerce que les citoyens de Paris, demandent déjà des permissions, & vous ajoutez que, puisque ces personnes risqueront dans ces opérations leurs propres capitaux, leurs sollicitations sont bien plus persuasives en faveur du commerce particulier que tous les raisonnemens des défenseurs du privilége. Mais avez-vous pris garde, Monsieur, qu'il y a tels moteurs ardens d'une expédition de commerce, qui n'y peuvent rien perdre! ils gagnent une Commission, vantent leur talent & leur industrie; & les citoyens de Paris moins habiles qu'eux, j'en conviens, fournissent l'argent & courent les risques.

Je ne répondrai point à la multitude de principes généraux que vous employez pour soutenir votre système: ils roulent principalement sur la puissance de l'intérêt particulier, on ne peut la contester; mais les Négocians savent bien que son énergie même est redoutable, quand elle est séparée des lumières: on les acquiert sans doute par l'expérience; mais dans le commerce des Indes, où l'on ne peut recevoir qu'un avertissement tous les deux ans, l'instruction arrive lentement & les leçons sont chères.

Aux principes que vous établissez sur la force irrésistible de l'induſtrie particulière, vous en ajoutez d'autres ſur la liberté ſans borne qu'exigent toutes les affaires de commerce : tous ces principes ne ſont ſuſceptibles de contradiction que dans l'étendue indéfinie que vous leur donnez. Je ne ſais, mais il me ſemble qu'il faut ſe défier un peu du penchant invincible qu'ont la plupart des hommes pour les maximes générales qui les ſéduiſent, en ne les obligeant à claſſer dans leur mémoire, qu'un petit nombre de principes, à l'aide deſquels ils peuvent juger de beaucoup de choſes avec peu de peine, tandis que la Nature ſe refuſant à notre pareſſe, a placé continuellement l'exception à côté de la règle, l'erreur auprès de la vérité, & le faux près du vraiſemblable.

Je vous ai fait part, Monſieur, de mes réflexions ſur votre Mémoire : on pourroit les étendre infiniment davantage ; mais je n'ai point eu l'orgueil de préſumer que je pouvois inſtruire, & ſi je puis ſuſpendre l'opinion, j'aurai rempli parfaitement le ſeul but auquel il m'étoit permis d'aſpirer.

Je ne ſaurois finir cette lettre ſans vous faire un petit reproche ſur les attaques indirectes que vous faites en pluſieurs endroits de votre Mémoire, à la pureté des intentions des perſonnes qui ont défendu juſqu'à préſent l'utilité de la Compagnie des Indes : laiſſez tous ces vils ſoupçons de motif & d'intérêt particulier, à ces hommes médiocres, qui n'ayant jamais aperçu d'autre levier dans leur cœur, croient que le monde entier ſe remue comme eux ; & juſqu'à ce qu'on vous prouve le contraire, croyez les hommes tels qu'ils doivent être, francs & honnêtes, mais capables de ſe tromper.

*FIN*

www.ingramcontent.com/pod-product-compliance
Ingram Content Group UK Ltd.
Pitfield, Milton Keynes, MK11 3LW, UK
UKHW032005260826
14628UKWH00005B/2281

9 782014 093346